GOSCINNY ET UDERZO
PRÉSENTENT

LES ROMA… …ENNENT
UNE … …LLE !

Textes : **H. Benedetti - M. Coulon - S. Lecocq - N. Robin**

Dessins : **J. Bastide - P. Fenech**

LES ÉDITIONS ALBERT RENÉ
58, rue Jean Bleuzen - CS 70007 - 92178 Vanves Cedex

www.asterix.com Asterix et Obelix @lartdasterix

Les Romains se prennent une gamelle !

3 histoires adaptées d'épisodes de la série télévisée *Idéfix et les Irréductibles*.

L'Œuf à la romaine

Texte : Hervé Benedetti - Nicolas Robin Dessins : Philippe Fenech

L'Affaire du collier

Texte : Michel Coulon Dessins : Jean Bastide

La Statue de Labienus

Texte : Simon Lecocq Dessins : Philippe Fenech

Collaboration à la coloration : Raphaël Delerue - Thierry Mébarki - Sylvaine Scomazzon
Collaboration à la maquette : Yvan Jacquet

Les Aventures d'Idéfix et les Irréductibles sont basées sur les personnages des Aventures d'Astérix le Gaulois, créées par René Goscinny et Albert Uderzo.

Dépôt légal : juin 2022 - Édition 1

ISBN : **978-2-86497-600-4**

Imprimé en mai par MACROLIBROS en Espagne

Loi n° 49956 du 16 juillet 1949 sur les publications destinées à la jeunesse

NOUS SOMMES EN 52 AVANT JÉSUS-CHRIST. TOUT LUTÈCE EST OCCUPÉ PAR LES ROMAINS... TOUT LUTÈCE ? NON ! UN PETIT GROUPE D'IRRÉDUCTIBLES ANIMAUX LUTÉCIENS MENÉS PAR IDÉFIX RÉSISTE ENCORE ET TOUJOURS À L'ENVAHISSEUR. ET LA VIE N'EST PAS FACILE POUR LE GÉNÉRAL LABIENUS ET LA MEUTE DE CHIENS QUI TENTENT DE ROMANISER LUTÈCE...

IDÉFIX, LE HÉROS DE CES AVENTURES. À L'INTELLIGENCE VIVE, DOTÉ D'UN FLAIR SANS ÉGAL, IL MÈNE SA BANDE D'IRRÉDUCTIBLES ANIMAUX DANS LA RÉSISTANCE CONTRE LA ROMANISATION DE LUTÈCE. UNE SEULE CHOSE L'AGACE : QU'ON LUI DISE QU'IL EST PETIT !

TURBINE EST LA CHIENNE LA PLUS RAPIDE DE LUTÈCE ! TOUJOURS PRÊTE POUR AIDER IDÉFIX, ELLE OUBLIE MALHEUREUSEMENT LES PLANS DE SON AMI DÈS QUE CELUI-CI LES LUI A EXPLIQUÉS...

PADGACHIX EST LE COSTAUD DE LA BANDE. POUR LUI, RIEN DE TEL QUE DE FONCER DANS LA MEUTE DE CHIENS ROMAINS POUR LES FAIRE VOLER DANS LE CIEL ! ORIGINAIRE DE TOLOSA (TOULOUSE), IL RAFFOLE DES SAUCISSES DE SES MAÎTRES CHARCUTIERS POULÉROTIX ET POMDOFINE.

BARATINE EST UNE CHATTE INDÉPENDANTE, SÛRE D'ELLE ET PIQUANTE, QUI CONNAÎT TOUS LES RECOINS DE LUTÈCE. ET QUAND ELLE DÉPLOIE SES GRIFFES ACÉRÉES, LES CHIENS ROMAINS N'EN MÈNENT PAS LARGE !

VOLDENUIX LE HIBOU VIT AVEC LE DRUIDE AMNÉSIX, QUI S'EST INSTALLÉ DANS LA FORÊT POUR ÉCHAPPER AUX ROMAINS. OBSERVANT SON MAÎTRE, IL SE RÊVE DRUIDE À SON TOUR, ET MÉLANGE DES INGRÉDIENTS POUR PRÉPARER DES POTIONS QUI N'ONT JAMAIS LES EFFETS DÉSIRÉS !

ASMATIX EST UN TRÈS, TRÈS VIEUX PIGEON LUTÉCIEN. UN VÉTÉRAN DES LUTTES GAULOISES, BLESSÉ EN TRANSPORTANT DES MESSAGES AU CHEF GAULOIS DÉFAIT CAMULOGÈNE. MÉMOIRE DE LUTÈCE, IL TRANSMET SES CONNAISSANCES AUX IRRÉDUCTIBLES. ET, COMME TOUT PIGEON, IL NE RÉSISTE PAS À UNE MIETTE DE PAIN JETÉE PAR TERRE !

L'ŒUF À LA ROMAINE

TEXTE : HERVÉ BENEDETTI - NICOLAS ROBIN
DESSINS : PHILIPPE FENECH

WOUAH ! WOUAH !
?!
POC
S·P·Q
?!?
POP !
PADGACHIX ! GARDE LA BOUCHE BIEN OUVERTE ! UN ŒUF C'EST TRÈS FRAGILE !
GNNN... GNNN...
CALME-TOI ! POSE-LE PAR TERRE !
OHHH, OHHH...
CRAAC
SPLOTCH !!
CRAAC !
CRAC !

OH, UN PETIT AIGLON !
CUI CUI !
MAMAAAAN !!
?!?
C'EST COMME ÇA CHEZ LES OISILLONS : LA PREMIÈRE PERSONNE QU'ILS VOIENT EST FORCÉMENT LEUR MAMAN !
EUH... ON NE POURRAIT PAS LE REMETTRE DANS SA COQUILLE ?
COMMENT ??? VOUS AVEZ PERDU LA CARGAISON !!!
SI JE PUIS ME PERMETTRE, MON GÉNÉRAL, C'ÉTAIT JUSTE UN ŒUF... SI VOUS VOULEZ VOUS FAIRE UNE OMELETTE, ON PEUT...

UNE OMELETTE ?! C'EST L'ŒUF D'UN AIGLE ROYAL, TRIPLE BUSE !
IL DEVAIT DEVENIR MON OISEAU DE PROIE PERSONNEL ! LE SYMBOLE DE LA PUISSANCE DE ROME !
?!
RETROUVEZ-MOI CET ŒUF, ET VITE !!
À VOS OEU... EUH... À VOS ORDRES !!!
ARQUEBUS ! HORS DE QUESTION QU'UN VOLATILE ME REMPLACE DANS LE CŒUR DE MON MAÎTRE ! RETROUVE CET ŒUF ET FAIS EN SORTE QU'IL DISPARAISSE !
À VOS ORDRES, VOTRE ALTESSE !
C'EST TROP BEAU DE VOIR UNE MAMAN POULE AVEC SON PETIT !
JE NE SUIS PAS UNE MAMAN POULE !
MAMAAANNN !!! CUI CUI...

?
SNIF SNIF
BOUDU !! DES SAUCISSES !!!
SLUUURP !! MIAM ! SCRONTCH !
VOUTCH
CUICUICUI !
SLUUURP !! MIAM ! SCRONTCH !
C'EST VRAIMENT LE FIFILS À SA MAMAN : EXACTEMENT LE MÊME APPÉTIT !

CE N'EST PAS UNE NOURRITURE ADAPTÉE POUR UN OISILLON... IL LUI FAUT DES GRAINES !
ET JE SAIS OÙ EN TROUVER : AU MOULIN ROUGE ! EMPÊCHEZ-LE DE SE GAVER DE SAUCISSES, JE REVIENS !
SCRONTCH !
LES ROMAINS !!
HMMMM... RIEN PAR ICI !
PAR LÀ !!! ÇA SENT L'ŒUF D'AIGLE !
ET VOUS AVEZ BIEN COMPRIS : UNE FOIS QU'ON L'A TROUVÉ ON S'EN DÉBARRASSE !

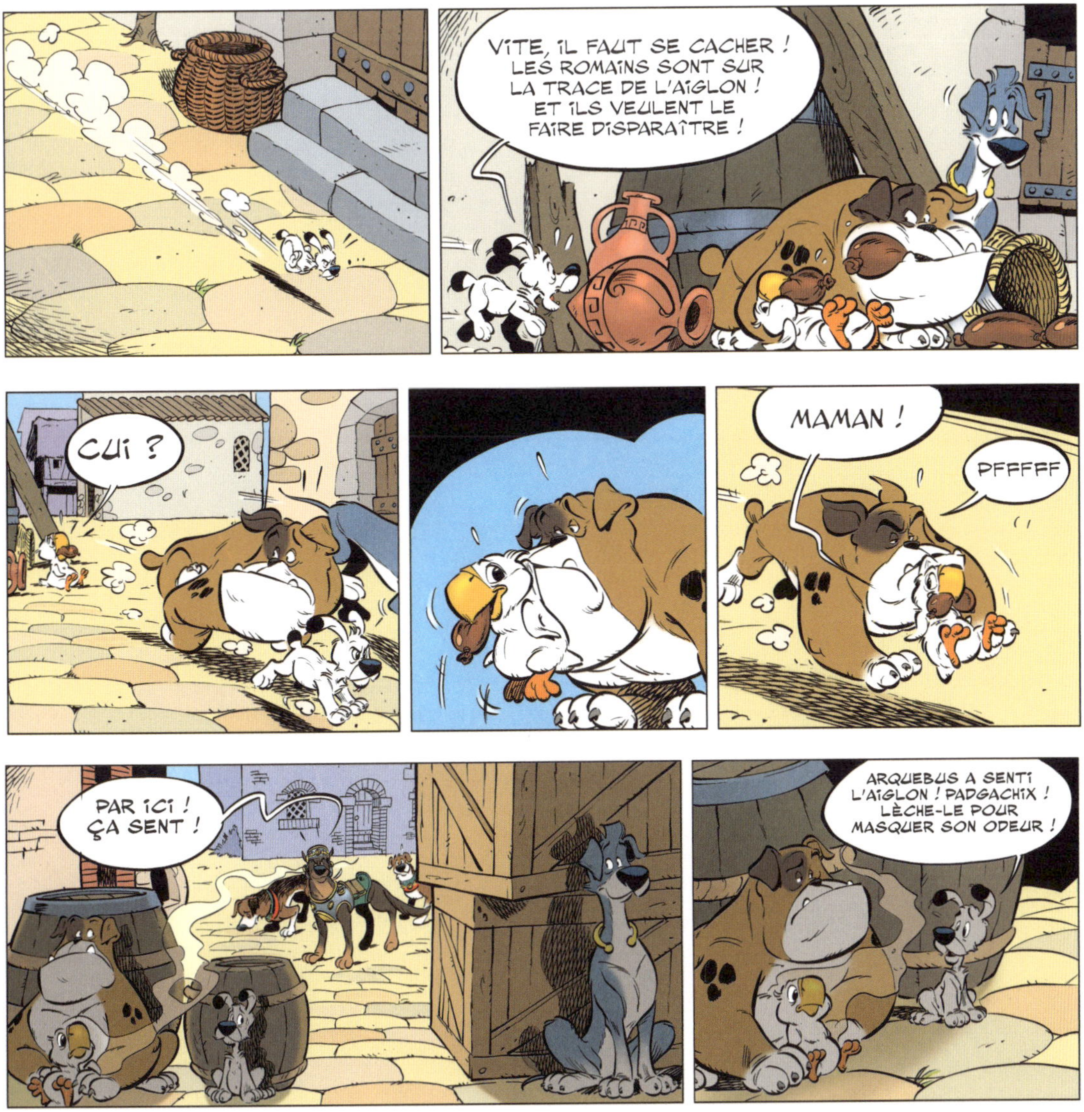
VITE, IL FAUT SE CACHER ! LES ROMAINS SONT SUR LA TRACE DE L'AIGLON ! ET ILS VEULENT LE FAIRE DISPARAÎTRE !
CUI ?
MAMAN !
PFFFFF
PAR ICI ! ÇA SENT !
ARQUEBUS A SENTI L'AIGLON ! PADGACHIX ! LÈCHE-LE POUR MASQUER SON ODEUR !

QUOI ??
LÈCHE-LE ! VITE !
SLURP !
PADGACHIX !! CE N'EST PAS LE MOMENT DE FAIRE LE CHIOT !
SLUUURP !
CUI CUI !! ♡
HUM... BIZARRE ! J'AI DÛ ME TROMPER. ÇA SENT JUSTE LA SAUCISSE GAULOISE.
SNIF
SNIF
ON VA VOIR AILLEURS !
OUF... ÇA A MARCHÉ !
PADGACHIX ?!
PADGACHIX, TU PEUX ARRÊTER MAINTENANT !
AH ! AH ! AH !

AU REPAIRE, PLUS TARD...
ON DIRAIT LA MOSAÏQUE DE LA MAMAN CHAT AVEC SON CHATON !
CUI CUI ! MAMAANNN !!!! CUI CUI !
IL EST VRAIMENT EN DANGER AVEC LES ROMAINS ! IL FAUT VITE TROUVER UN ENDROIT POUR LE METTRE À L'ABRI !
RHOUUU... ON POURRAIT LE GARDER ICI ET EN FAIRE UN IRRÉDUCTIBLE ?
LE GARDER ? POUR TOUJOURS ? EUH...
CLING
OUI ! ON DEVRAIT LE GARDER ! C'EST VRAI QU'IL EST À... CROQUER CE PETIT...
GRRRRRRR
LE PREMIER QUI TOUCHE AU PETIT JE TE ME LE...
OH, ÇA VA !! SI ON NE PEUT PLUS RIGOLER...
HOU! HOU! HOU!
FAITES COMME SI JE N'ÉTAIS PAS LÀ...
JE VIENS FAIRE LA SIESTE CHEZ VOUHOUHOUHOU...
VOLDENUIX ! POURQUOI TU NE DORS PAS DANS TON ARBRE ?
SI ÇA CONTINUE, IL N'Y AURA BIENTÔT PLUS D'EMPLUMÉS ICI QU'AU GRAND COLOMBIER !

AH BEN MERCI POUR L'ACCUEIL ! DEPUIS CE MATIN, DEUX OISEAUX DANS LA FORÊT FONT UN BRUIT FOU-HOUHOUHOU ! ILS CHERCHENT LEUR ŒUF PARTOUT !
UN ŒUF ? T'AS DIT UN ŒUF ?
BEN HOUHOU-OUI ! ET C'EST MÊME UN ŒUF D'AIGLE...
C'EST DRÔLE ! COMME CELUI QU'ON A TROUVÉ CE MATIN ! DIS DONC, IL Y A BEAUCOUP D'ŒUFS D'AIGLES QUI S'ÉGARENT EN CE MOMENT !
AH OUI, JE COMPRENDS MIEUX ! BON, IL VA FALLOIR LE RAMENER À SES PARENTS...
ON SE RETROUVE AU GRAND CHÊNE-LIÈGE ! JE VOUS GUIDERAI À SES PARENTS !
ET DIRE QUE JE VOU-HOUHOU-LAIS DORMIR !
IL VA FALLOIR D'ABORD TRAVERSER TOUT LUTÈCE AVEC L'OISILLON !
ET AVEC SON ODEUR LES ROMAINS AURONT VITE FAIT DE VOUS TOMBER SUR L'PALETOT !
OUI, CE FUMET AURA TÔT FAIT DE LES METTRE AU PARFUM !
MAIS JE CROIS QUE J'AI UNE IDÉE !

MERCHI IDÉFICH... FRANCHEMENT, TU AURAIS PU TROUVER AUTRE CHOCHE POUR LE CACHER... CHÉ FLEURS, CH'EST VRAIMENT LA HONTE !
MOI JE TROUVE QUE CE PANIER FLEURI, ÇA TE VA TRÈS BIEN !
CUI CUI ?
LES ROMAINS ! CACHONS-NOUS !
LE PARFUM DES FLEURS DEVRAIT COUVRIR L'ODEUR... ESPÉR...
?
PADGACHIX ! NON !!
DES CHAU... DES CHAUCHAU...
CUI ! CUI !

?!?
CUi ! CUiiii !!
MAiS, ESPÈCE D'iDiOTS ! QU'ATTENDEZ-VOUS POUR L'ATTRAPER ?!
MAiS... ON NE CHERCHAiT PAS UN ŒUF ?
iL A ÉCLOS, TRiPLE ANDOUiLLE !
PADGACHiX, RÉCUPÈRE L'OiSiLLON ! ET ON FiLE !
ATTRAPEZ-LES !!
CUi !
?!
iLS SONT FOUS, CES TOUTOUS ! AU LiEU DE CHERCHER UN ŒUF, iLS COURENT APRÈS DES CHiENS ET UN OiSEAU...
iLS COUVENT SÛREMENT QUELQUE CHOSE !

WOUAH ! WOUAH !
WHOUOUOUOU !
BAH ALORS ?! C'EST PAS TROP TÔT !
ON A EU UNE URGENCE À RÉGLER AVANT !
ÉVIDEMMENT, SI VOUS INVITEZ N'IMPORTE QUI...
WOUAH ! WOUAH !
ILS SONT PLUS RAPIDES !
CUI ?
À TOI, TURBINE !
CLAP !

ATTRAPEZ-LES !
TIENS-TOI PRÊTE, TURBINE !
ACCÉLÈRE !
PAFF !
TURBINE, PASSE ARRIÈRE !
HOUHOUHOUHOU ! MAGNIFIQUE PASSE DE L'ÉQUIPE GAULOISE !
TURBINE !! ATT...
BOUM !

¡IDÉFIX ? AHAHAHAHAH !
PAF !
ET, UN PEU PLUS LOIN...
WHOUHAHA !! TU ES DANS UNE IMPASSE, GAULOIS ! ALLEZ, FAIS-MOI UNE FLEUR : LAISSE-MOI LE PETIT AIGLE !
BOUDU ! JE VAIS PLUTÔT T'APPRENDRE À VOLER !
BOUM !

BANG !
BONG
BOUM
BANG !
BRAOUM !
BOUM !
CRAAC !
ON NE TOUCHE PAS AU PETIT !
BANG !
OUF... LE PETIT EST SAIN ET SAUF !
MAMAN PADGACHIX L'A BIEN PROTÉGÉ !

UN PEU PLUS TARD, AU CŒUR DE LA FORÊT...
VOILÀ, C'EST ICI ! JE VOUS LAISSE, JE VAIS PIQUER UN PETIT SOMME !
LES AMIS ? JE CROIS QU'ON A TROUVÉ QUELQUE CHOSE QUI VOUS APPARTIENT...
?!
OH !!
NOTRE PETIT ŒUF ! IL A ÉCLOS !
OH OUI, C'EST LUI ! IL A TES YEUX !
ET TON BEC !
MAAAAMAAAAN !!! PAAAAPAAAA !!!

MERCI DE NOUS AVOIR RAMENÉ NOTRE PETIT !
ON S'EN EST BIEN OCCUPÉ ! PAS VRAI, PADGACHIX ?
OUI... BON, ON VA VOUS LAISSER... EN FAMILLE...
CUI CUI ? HIHIHI...
C'EST TROP MIGNNNOOOOOOOOOON !!!
C'EST RIEN... ÇA DOIT ÊTRE LE POLLEN, OU J'AI UNE POUSSIÈRE DANS L'ŒIL...
VOUS POURREZ VENIR LUI RENDRE VISITE QUAND VOUS VOUDREZ !

AU PALAIS DE LA LOUVE, LES RETROUVAILLES SONT MOINS CHALEUREUSES...
VOUS N'AVEZ PAS RAMENÉ L'ŒUF !!
ET VOS CHIENS ONT DÉTRUIT TOUT UN CHANTIER !
CORVÉE DE LATRINES !!!
Ô, VOTRE ALTESSE, MISSION ACCOMPLIE ! LE PETIT AIGLE N'EST JAMAIS ARRIVÉ À LA LOUVE ! VOUS SEREZ TOUJOURS LA PRÉFÉRÉE DE LABIENUS !
OUI... MAIS TU AS ÉNERVÉ MON MAÎTRE !
PRIVÉ DE GAMELLE !

AU REPAIRE, NOS AMIS PROFITENT D'UN REPAS BIEN MÉRITÉ, APRÈS CETTE HISTOIRE D'ŒUF DONT ON AURA FAIT TOUT UN PLAT !
TU VOIS : FINALEMENT, SOUS TA PEAU DE GROS DUR, Y A UN PETIT CŒUR QUI BAT !
C'EST VRAI QUE CET AIGLON A DU CHIEN ! IL VA UN PEU ME MANQUER, BOUDU...

C'EST TROP MIGNNOOOOOOOOOON !
AH! AH! AH!
FIN
DE L'ÉPISODE

L'AFFAIRE DU COLLIER

TEXTE : MICHEL COULON
DESSINS : JEAN BASTIDE

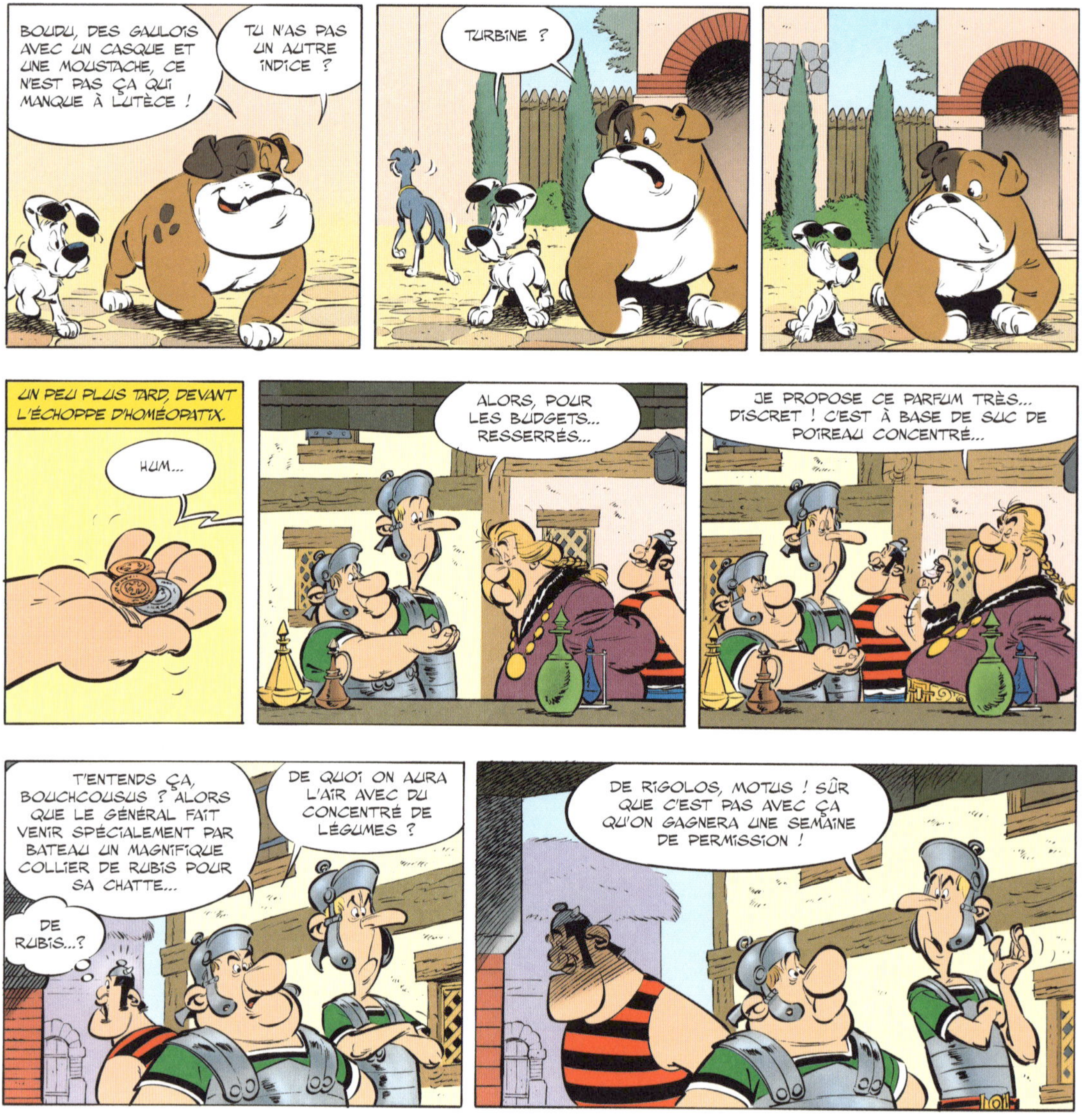
BOUDU, DES GAULOIS AVEC UN CASQUE ET UNE MOUSTACHE, CE N'EST PAS ÇA QUI MANQUE À LUTÈCE !
TU N'AS PAS UN AUTRE INDICE ?
TURBINE ?
UN PEU PLUS TARD, DEVANT L'ÉCHOPPE D'HOMÉOPATIX.
HUM...
ALORS, POUR LES BUDGETS... RESSERRÉS...
JE PROPOSE CE PARFUM TRÈS... DISCRET ! C'EST À BASE DE SUC DE POIREAU CONCENTRÉ...
T'ENTENDS ÇA, BOUCHCOUSUS ? ALORS QUE LE GÉNÉRAL FAIT VENIR SPÉCIALEMENT PAR BATEAU UN MAGNIFIQUE COLLIER DE RUBIS POUR SA CHATTE...
DE QUOI ON AURA L'AIR AVEC DU CONCENTRÉ DE LÉGUMES ?
DE RUBIS...?
DE RIGOLOS, MOTUS ! SÛR QUE C'EST PAS AVEC ÇA QU'ON GAGNERA UNE SEMAINE DE PERMISSION !

AH, MAIS SI C'EST POUR LA CHATTE DE NOTRE BIEN-AIMÉ GÉNÉRAL, J'AI CE QU'IL VOUS FAUT: DE LA VALÉRIANE !
L'ODEUR DONT RAFFOLENT LES CHATS !
MERCI, MAIS LE COLLIER DE RUBIS EST DÉJÀ PARFUMÉ À LA VALÉRIANE !
MINCE... C'EST LEQUEL QUI CHANTAIT ?
BON, ON VA ACHETER DES SARDINES, PLUTÔT ! C'EST PAS CHER ET MONALISA ADORE ÇA...
TU AS RAISON, MOTUS ! ET LE POISSON DE LUTÈCE EST RÉPUTÉ DANS TOUTE LA GAULE JUSQU'EN ARMORIQUE...
?
...

HUM... JE PEUX VOUS AIDER ?
!!
EUH, NON MERCI ! JE JETAIS JUSTE UN OEIL...
EXCELLENTE JOURNÉE, EH EH...
OÙ T'ES ? PAPA, OÙ T'ES ?
?
EUH...? QU'EST-CE QUE TU VEUX, LE CHIEN ?
WAF
WAF
WAF
AAAH ! TE VOILÀ, MA PETITE COQUINE !?
OUI, C'EST LA FIFILLE À SON PAPA ÇA, HEIN ?
HUM, JE LE SENS PAS, CELUI-LÀ...
ALORS, TU VIENS ?
LA FIFILLE À SON PAPA ?! OOH C'EST BIEN LUI !! J'AI RETROUVÉ MON MAÎTRE !!!

?
EUH... T'ES ENCORE LÀ, TOI ?
PLUS JAMAIS JE NE QUITTERAI MON MAÎTRE ADORÉ !
ALLEZ ALLEZ, OUSTE ! JE N'AI PLUS BESOIN DE TOI !
HUM...
ALLEZ, VA CHERCHER !
BON DÉBARRAS !
PIOUFF
!?
PIOUFFF
INCROYABLE ! QUELLE RAPIDITÉ !

MAIS DIS DONC, PERSONNE NE PEUT T'ATTRAPER, TOI ! EH EH...
VIENS AVEC MOI, JE VAIS T'APPRENDRE UN JEU !
D'AC D'AC !
UN PEU PLUS TARD...
ÇA, TU VOIS, C'EST DE LA VALÉRIANE !
TOI ET MOI, ON VA JOUER À RETROUVER UN OBJET QUI A LA MÊME ODEUR.
FACILE : TU MÉMORISES L'ODEUR, ET TU RETROUVES L'OBJET !
OH, QU'IL EST GENTIL ! IL M'OFFRE UN PARFUM !
SNIF
SNIF
ÇA Y EST, C'EST CACHÉ !
À TOI DE JOUER !!

D'AC D'AC ! À MON TOUR DE LUI OFFRIR UN CHOUETTE PARFUM !
SNIF
SNIF
SNIF
ZIOUM!
?
ZIOUM
HEIN ?... MAIS C'EST PAS POSSIBLE ?!
BEURK...!!
BAH QUOI...? IL SENT PAS BON, MON POISSON ?
QUELQUES TENTATIVES PLUS TARD...
OÙ QUE C'EST ?!
OÙ QUE C'EST ?!
SNIF
SNIF
SNIF
PAR LÀ, PEUT-ÊTRE ?
OU LÀ ?
OU LÀ ?

?
BOUM !
OUCH !
MAIS... TURBINE ! ÇA FAIT UNE HEURE QU'ON TE CHERCHE !!
LES COPAINS, C'EST FORMIDABLE, J'AI RETROUVÉ MON MAÎTRE !
LENTIX, LÀ BAS ? MAIS COMMENT PEUX-TU ÊTRE SÛRE QUE C'EST LUI ?
IL DIT QUE JE SUIS SA FIFILLE, IL M'ADORE !
BON, JE DOIS FILER, ON JOUE À S'OFFRIR DES PARFUMS !
VA FALLOIR LA METTRE AU PARFUM LA GRANDE, CAR TOUT ÇA SENT SURTOUT LES ENNUIS !
ZIOM
NON MAIS TU LE FAIS EXPRÈS ?! UN FROMAGE CORSE, MAINTENANT !!
C'EST POUR TOI QUE ÇA VA SE CORSER ! JAMAIS VU UN CABOT AUSSI BOUCHÉ, MA PAROLE !
DRÔLE DE FAÇON D'ADORER SA "FIFILLE"...
TU L'AS DIT, BOUDU ! JAMAIS MES MAÎTRES NE ME PARLERAIENT COMME ÇA !
MAIS QUE LUI VEUT-IL, ALORS ? HUM, C'EST LOUCHE !

ALLEZ, TU LA TROUVES CE COUP-CI ?
JE NE SAIS PAS POURQUOI J'ESPÈRE ENCORE...
ZIOUM
OHHH !!
ZIOUM
TU VOIS QUAND TU VEUX !
EH EH EH, MAINTENANT, TU VAS FAIRE PAREIL SUR UN BATEAU...
UN BATEAU ? MAIS QU'EST-CE QUE C'EST QUE CETTE HISTOIRE ?
À MON AVIS, C'EST TURBINE QU'IL MÈNE EN BATEAU...
OUI... MAIS POURQUOI TOUT ÇA ?
OH BOUDU ! JE NE SAIS PAS CE QUE C'EST, MAIS ÇA COCOTTE...

ILS VONT VERS LA SEINE, ON LES SUIT !
TU VIENS, BARATINE !?
CALMOS... IL N'Y A PAS LE FEU À LA SEINE...
SNIF SNIF
MMM, DIS VOIR... C'EST DE LA VALÉRIANE !
DROIT DEVANT !
?
?
OH NON, LES ROMAINS !
BONG!
DIS DONC, ILS VOLENT BAS, LES OISEAUX !
VLAM

C'EST POUR QUI LE COLLIER QUI VAUT TRÈS TRÈS CHER ET SENT TRÈS TRÈS BON ?
POUR MA PRINCESSE !
!
MAIS OUI, BIEN SÛR !...
...C'EST LE CADEAU DE MONALISA QUE TURBINE DOIT VOLER ! UN COLLIER PARFUMÉ ! SÛREMENT LE MÊME PARFUM QUE TOUT À L'HEURE...
PAS ÉTONNANT QUE MONALISA AIME CETTE HORRIBLE ODEUR !
PARLE POUR TOI ! C'EST DE LA VALÉRIANE ! TOUS LES CHATS EN SONT FOUS !
LENTIX LE SAVAIT ET IL S'EN EST PROCURÉ POUR ENTRAÎNER TURBINE !
ON DOIT LA RETROUVER AVANT QU'ELLE LE VOLE !
PEU APRÈS.
MON MAÎTRE, UN ESCROC ! NON MAIS ÇA VA PAS, LA TÊTE ?!
CE N'EST PAS TOI QUI L'INTÉRESSES, MAIS UN COLLIER DE RUBIS !

OH, MON MAÎTRE VEUT QUE JE PORTE UN COLLIER DE RUBIS !
TROP GENTIL !
NON TURBINE, ATTENDS !
TE FATIGUE PAS, ELLE EST TROP GAGA DE SON NOUVEAU MAÎTRE POUR NOUS ÉCOUTER...
BARATINE A RAISON !
LA SEULE FAÇON DE LA SAUVER, C'EST DE VOLER LE COLLIER AVANT ELLE !

RENIFLE BIEN !
... ET RAMÈNE MOI LE COLLIER QUI A CETTE ODEUR, GRANDE BÉCASSE !
JE T'ATTENDS PRÈS DU CHÊNE ! SI UN ROMAIN S'APPROCHE, TU FONCES !
D'AC D'AC, MAÎTRE !
ALLEZ, À MOI DE JOUER !

OÙ QUE C'EST ?!
OÙ QUE C'EST ?!
ICI !
IDÉFIX ?!
TU AS BESOIN D'AIDE, REGARDE !
LÉGIONNAIRES ! APPORTEZ-MOI LE CADEAU DE MONALISA !
MA PETITE DÉESSE A PEUR DE L'EAU.
MAIS ?... MONALISA, VIENS ICI ! TU VAS SALIR TES COUSSINETS !

PAR JUPITER ! QUEL EST CE DIVIN PARFUM ?!
ÇA VIENT DE PAR LÀ-BAS...
SNIF SNIF
REVIENS MONALISA, TU M'ENTENDS !?
RATTRAPEZ-LA !! VITE !
C'EST BON ! LA VOIE EST LIBRE, IL FAUT RETROUVER LENTIX !
MONALISA ? MONALISA ?
HEP HEP HEP ! QUO VADIS ?!
C'EST PAS POUR TOI, LE ROQUET !

ZIOUMMM
MONALISA, OÙ ES-TU ?
EH ! MON COLLIER, PAR JUPITER !!
GARDES ! ATTRAPEZ-MOI, CE CABOT !!
MONTE SUR MON DOS !
ZIOUMM
VLAM

VOTRE ALTESSE, VOUS VOILÀ !
MON COLLIER !!
ZIOUM
?
?
?
ARQUEBUS, ATTRAPE-LES OU TU PEUX DIRE ADIEU À TA GAMELLE !!!
PFF... PFF...
PFF... PFF...
PFF... PFF...
PFF... PFF...
QU'EST-CE QUI LEUR PREND À CES CHIENS ?
JE NE SAIS PAS, MAIS NE PERDONS PAS LA CHATTE DU GÉNÉRAL...
AAAH !! BRAVO FIFILLE ! AH AH !
?
C'EST QUI, LUI ?

DONNE-MOI CE COLLIER, **SALE** SAC À PUCES !!
?
DONNE ! OU JE T'APLATIS COMME UNE PUNAISE !
RRRR !!
ON NE PARLE PAS COMME ÇA À MON **AMI** !!
VLAM
ÇA NE PEUT PAS ÊTRE MON MAÎTRE LUI, IL EST TROP MÉCHANT !
JE M'OCCUPE D'IDÉFIX ET DU COLLIER !
ET NOUS DE TURBINE !
ZIOUM
GRRRR

MAIS QU'EST-CE QUI S'EST PASSÉ ICI ?
EUH... EH EH, C'EST RIEN, J'AI GLISSÉ...
OH, C'EST LE COLLIER !!
LE GAULOIS L'A DRESSÉ À VOLER !
ON LE COFFRE !!
TU VAS ME RENDRE ÇA TOUT DE SUITE, LE MINUS !!
CHPING
NOUS SOMMES DES IRRÉDUCTIBLES...
... PAS DES VOLEURS !
MA PRINCESSE, ENFIN TE VOILÀ ! RENTRONS À LA LOUVE !
ENCORE HUMILIÉE PAR CES IRRÉDUCTIBLES ! CET INCAPABLE D'ARQUEBUS N'EST PAS PRÈS D'AVOIR SA GAMELLE...

LE SOIR VENU, AU REPAIRE DES IRRÉDUCTIBLES...
MERCI LES AMIS ! J'AI COMPRIS LA LEÇON !
JE NE FERAI PLUS CONFIANCE À N'IMPORTE QUI !
SNIF SNIF
EH, MAIS...? CETTE ODEUR DE BANQUET ME RAPPELLE QUAND J'ÉTAIS PETITE !
CLOP
OUBLIE LE PASSÉ ! ET DÉGUSTE LE PRÉSENT COMME UN CASSOULET DE TOLOSA, PAR BONONOS !
AH! AH! AH!
FIN
DE L'ÉPISODE

LA STATUE DE LABIENUS

TEXTE : SIMON LECOCQ
DESSINS : PHILIPPE FENECH

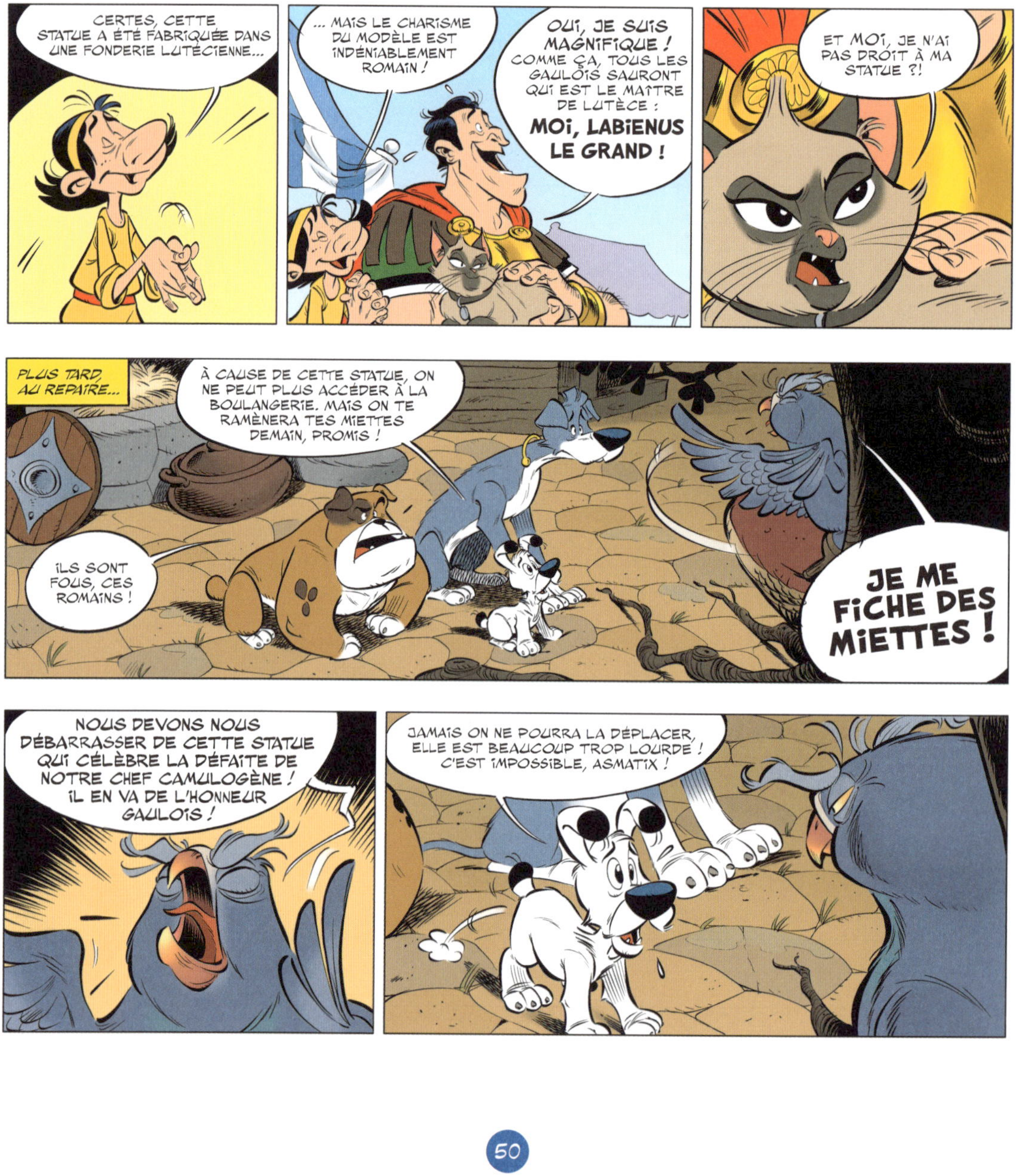
CERTES, CETTE STATUE A ÉTÉ FABRIQUÉE DANS UNE FONDERIE LUTÉCIENNE...
... MAIS LE CHARISME DU MODÈLE EST INDÉNIABLEMENT ROMAIN !
OUI, JE SUIS MAGNIFIQUE ! COMME ÇA, TOUS LES GAULOIS SAURONT QUI EST LE MAÎTRE DE LUTÈCE : MOI, LABIENUS LE GRAND !
ET MOI, JE N'AI PAS DROIT À MA STATUE ?!
PLUS TARD, AU REPAIRE...
À CAUSE DE CETTE STATUE, ON NE PEUT PLUS ACCÉDER À LA BOULANGERIE. MAIS ON TE RAMÈNERA TES MIETTES DEMAIN, PROMIS !
ILS SONT FOUS, CES ROMAINS !
JE ME FICHE DES MIETTES !
NOUS DEVONS NOUS DÉBARRASSER DE CETTE STATUE QUI CÉLÈBRE LA DÉFAITE DE NOTRE CHEF CAMULOGÈNE ! IL EN VA DE L'HONNEUR GAULOIS !
JAMAIS ON NE POURRA LA DÉPLACER, ELLE EST BEAUCOUP TROP LOURDE ! C'EST IMPOSSIBLE, ASMATIX !

IM... IMPOSSIBLE N'EST PAS GAULOIS !!
ET UN GAULOIS NE DIT JAMAIS "JAMAIS" !
EUH... TU VIENS DE LE DIRE DEUX FOIS !
?!
PUISQUE C'EST COMME ÇA, JE VAIS ME DÉBROUILLER TOUT SEUL ! KOF KOF
BOUM!
SUIVONS-LE ! SINON C'EST LUI QUE NOUS ALLONS RAMASSER EN MIETTES...
KOF ! KOF
VOLDENUIX, RÉVEILLE-TOI !!! LUTÈCE A BESOIN DE TOI !
HOU ?!
PAFF!

BONJOU-HOUR, ASMATIX !
ÇA SENT LES ENNUIS...
AH BON ? JE NE SENS RIEN...
SNIF SNIF
?
QUEL PLAISIR... TU NE ME RENDS PAS SOUVENT VISITE...
J'AI BESOIN D'UNE POTION POUR RENDRE UNE STATUE TRÈS LOURDE, KOF KOF, AUSSI LÉGÈRE QU'UNE PLUME ! TON MAÎTRE AMNÉSIX A ÇA EN RÉSERVE ?
PAS DE SOU-HOU-HOU-CIS !
JE CONNAIS LA FORMULE... PRESQUE SUR LE BOUT DES AILES...

"PRESQUE" !! ... ASMATIX VA Y PERDRE DES PLUMES, LES POTIONS DE VOLDENUIX NE FONCTIONNENT JAMAIS ! NOUS DEVONS L'EMPÊCHER DE L'UTILISER !
D'AC D'AC !
AH TIENS ! VOUS ÊTES LÀ ! VOUS AVEZ ENFIN DÉCIDÉ DE M'AIDER ?!
C'EST PRÊT !!!
UN VOLONTAIRE POUR ALLER VERSER LA POTION SUR LA STATUE DE LABIENUS ?
MOI ! MOI !
NON !! TURBINE !! ON ÉTAIT D'ACCORD !
BAH OUI !
"ASMATIX" NE DOIT PAS UTILISER LA POTION !
POC !
VRAOOOO

TU SAIS BIEN QUE LES POTIONS DE VOLDENUIX PROVOQUENT TOUJOURS DES CATASTROPHES !
C'EST FAUX, MÔSSIEUR IDÉFIX !
ET ALORS ? AU PIRE, LA STATUE SERA DÉTRUITE ! PEU IMPORTE LA QUALITÉ DE LA POTION, IL EST TEMPS D'AGIR !
MIEUX VAUT ENTENDRE ÇA QUE D'ÊTRE SOU-HOURD !...
VRAOUUUUUM
VRAOOOOMMM
TURBINE ! NE VERSE PAS LA POTION !
TROP TARD, IDÉFIX !

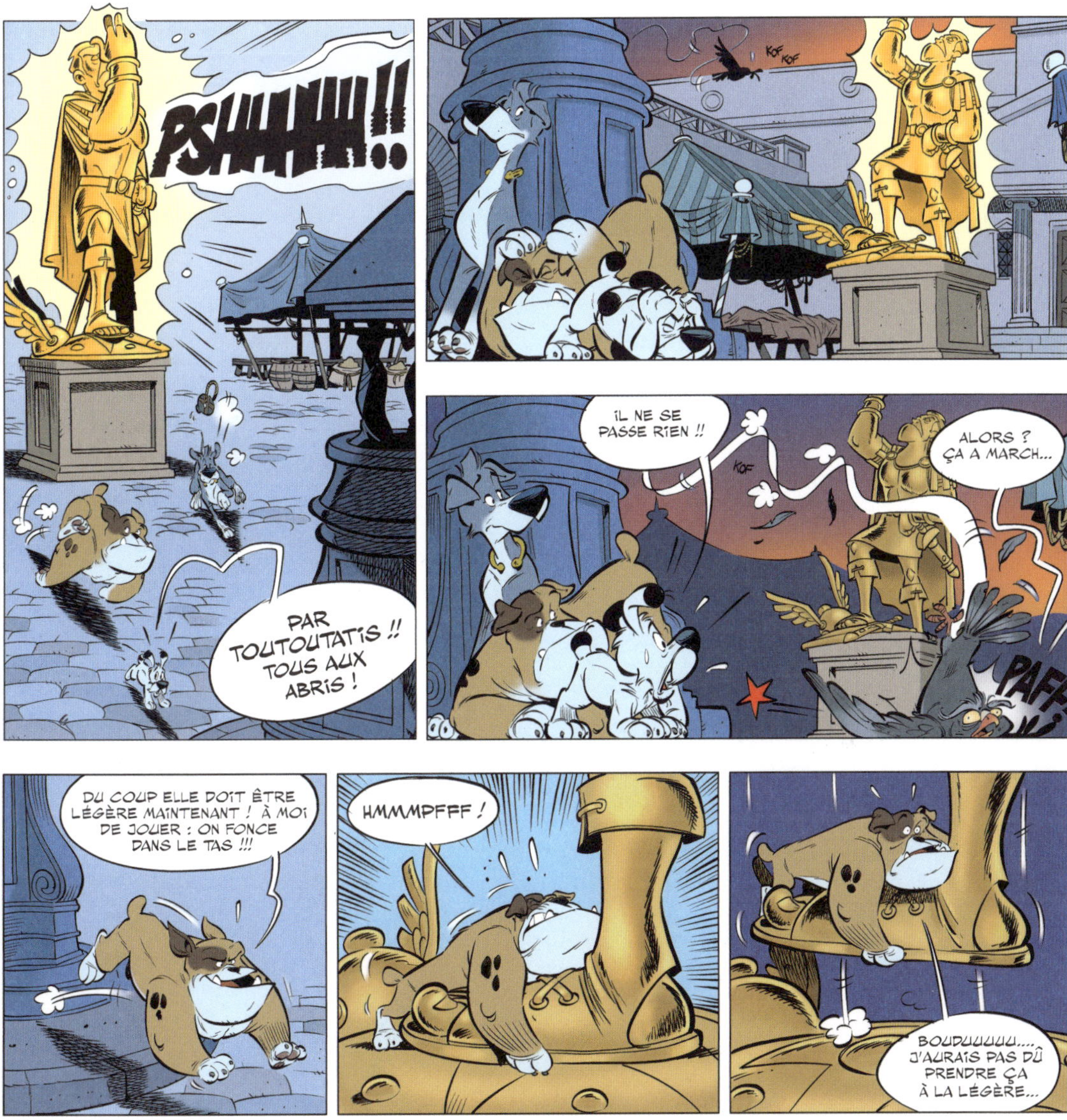
PSHHHHH !!
KOF KOF
PAR TOUTOUTATIS !! TOUS AUX ABRIS !
KOF
ÏL NE SE PASSE RIEN !!
ALORS ? ÇA A MARCH...
PAFF !
DU COUP ELLE DOIT ÊTRE LÉGÈRE MAINTENANT ! À MOI DE JOUER : ON FONCE DANS LE TAS !!!
HMMMPFFF !
BOUDUUUUU.... J'AURAIS PAS DÛ PRENDRE ÇA À LA LÉGÈRE...

BLAM !!
LA POTION NE MARCHE PAS !!
LA POTION NON... MAIS LA STATUE OUiii !
VOUS ALLEZ VOIR, Ô MON GÉNÉRAL ! TOUS LES LUTÉCIENS SE PRESSENT POUR ASSISTER À L' INAUGURATION !
iLS NOUS OBLIGENT À FERMER NOS COMMERCES, ET APRÈS, iLS NOUS OBLIGENT À VENIR ADMIRER LEUR HORRIBLE STATUE...
CLAC !
?!
?!?

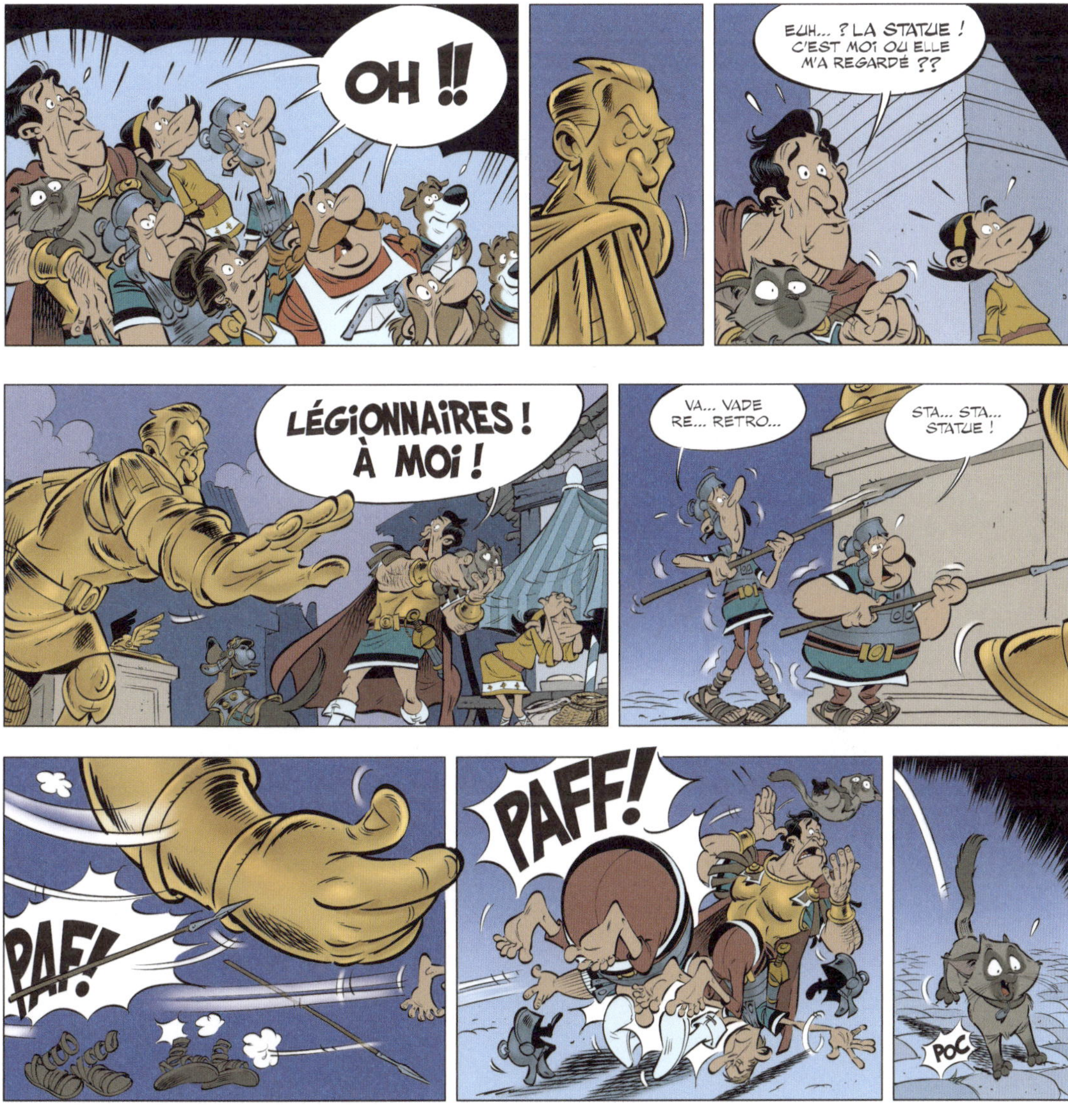

OH !!
EUH... ? LA STATUE ! C'EST MOI OU ELLE M'A REGARDÉ ??
LÉGIONNAIRES ! À MOI !
VA... VADE RE... RETRO...
STA... STA... STATUE !
PAF!
PAFF!
POC

FAIS QUELQUE CHOSE, IMBÉCILE !! OU TU SERAS PRIVÉ DE GAMELLE POUR LONGTEMPS !
NE CRAIGNEZ RIEN, JE SUIS LÀ, VOTRE ALTESSE !
"QUAND L'ENNEMI EST EN ÉMOI, SAUF EST L'HONNEUR GAULOIS !"
SAUF QU'À CE TRAIN-LÀ, IL N'Y AURA BIENTÔT PLUS DE LUTÈCE !
IL FAUT FAIRE QUELQUE CHOSE !
BLAM
CRAC!
ON NE PEUT PAS ATTENDRE QUE LES EFFETS DE LA POTION CESSENT ! IL FAUT AIDER LES ROMAINS !
AIDER LES ROMAINS ?! BOUDU ! ET PUIS QUOI ENCORE ?...
C'EST NOUS QUI AVONS CRÉÉ CE MONSTRE ! MÊME SI MONALISA EST NOTRE ENNEMIE, ON DOIT LA SAUVER ! IL EST LÀ, L'HONNEUR GAULOIS !
TU AS RAISON, IDÉFIX !
ALLEZ, LES IRRÉDUCTIBLES ! ON FONCE !
ÇA, C'EST UN PLAN COMME JE LES AIME !

ARQUEBUS, LAISSE-NOUS T'AIDER !
QUOI ??
JE N'AI BESOIN DE PERSONNE, MINUS !
GROARRRRR !!
DONG
LE PAUVRE, IL EST TOMBÉ DANS LA PAUME ...
IL EST SONNÉ...
D'ACCORD... ON A BESOIN DE VOUS...

WOUAH !
WOUAH !
PAF!
BONG!
?!
LES PORTES, C'EST PAS FAIT POUR LES CHIENS !!
?!?
COCHONNET, ON RENTRE EN ARMORIQUE ! ILS SONT FOUS, CES LUTÉCIENS !
AAAAH !! MES TENUES ACHETÉES CHEZ GIVENCHIX !

IL FAUT TROUVER UN ENDROIT OÙ LA STATUE NE POURRA PAS SUIVRE MONALISA !
MAIS OUI ! JE SAIS !!
MONTE, MONALISA ! ARQUEBUS, PADGACHIX, COUVREZ-NOUS ! ET TOI, TU FONCES, TURBINE !!!
PROCHAIN ARRÊT, LE GRAND COLOMBIER !
VROOOO
???

HALTE-LÀ ! CETTE RÉSIDENCE EST STRICTEMENT ...
PAFF!
PAF!
... PRIVÉE...
DITES À CES CHIENS DE S'EN ALLER ! LES CHIENS SONT INTERDITS DANS L'IMMEUBLE !
ILS SONT DE MAUVAIS POIL, EN PLUS !
PIF!
OUILLE ! ATTENTION, PAR GROSALBATROS !
J'EN AURAI DES CHOSES À DIRE LORS DE LA PROCHAINE RÉUNION DE COPROPRIÉTAIRES !
VROOUUUUM
MONALISA, TU ES EN SÉCURITÉ MAINTENANT ! LA STATUE EST BIEN TROP LARGE POUR ENTRER DANS LE COLOMBIER.
MAIS D'OÙ ELLE SORT, CETTE STATUE ??
BEN...DE LA FONDERIE ?
POURQUOI ELLE A PRIS VIE TOUT D'UN COUP ? ET JE PEUX SAVOIR POURQUOI VOUS M'AVEZ AIDÉE ?
C'EST VRAI ÇA, POURQUOI ON L'A AIDÉE, DÉJÀ ?
?!
BRAOUM!

OH NON ! LA STATUE GRIMPE LE COLOMBIER !!
MAIS Y A PLUS MOYEN DE ROUUUCOULER TRANQUILLE !
CHÉRIE, ON DÉMÉNAGE ! ON NOUS PREND POUR DES PIGEONS !
EEEEH ! IL EST FORMELLEMENT INTERDIT D'ESCALADER LA FAÇAAAA....
... DE
SPLOTCH
?
AU PIED !
PAS BOUGER !
WHOUOUOUOU !
ÇA SUFFIT, MAINTENANT ! PLUS PERSONNE NE PA...

BOUM!
?!
!!!
BRAVO POUR TES IDÉES STUPIDES, IDÉFIX !
À L'ATTAQUE !!!
CE QUE J'AI FAIT, JE PEUX LE DÉFAIRE ! PIGEONS DE LUTÈCE, À L'ATTAQUE !

BIEN JOUÉ, LES AMIS !
BOUM !!
JE CROIS QUE LES EFFETS DE LA POTION SE SONT DISSIPÉS.
QUELLE POTION ? ET QU'EST-CE QU'IL DISAIT LE VIEUX PIGEON ? "CE QUE J'AI FAIT, JE PEUX LE DÉFAIRE" ?

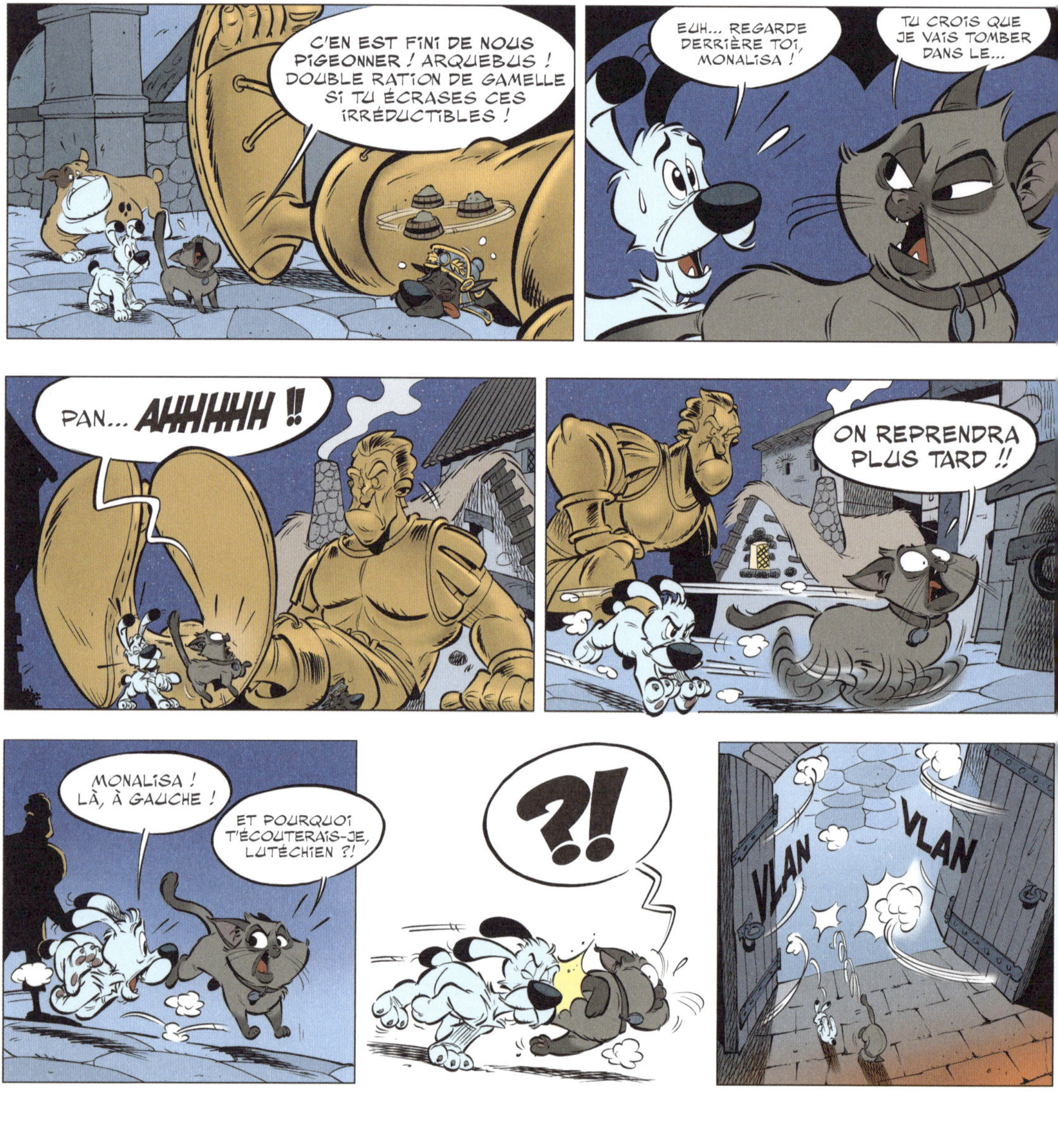

C'EN EST FINI DE NOUS PIGEONNER ! ARQUEBUS ! DOUBLE RATION DE GAMELLE SI TU ÉCRASES CES IRRÉDUCTIBLES !
EUH... REGARDE DERRIÈRE TOI, MONALISA !
TU CROIS QUE JE VAIS TOMBER DANS LE...
PAN... AHHHHH !!
ON REPRENDRA PLUS TARD !!
MONALISA ! LÀ, À GAUCHE !
ET POURQUOI T'ÉCOUTERAIS-JE, LUTÉCHIEN ?!
?!
VLAN
VLAN

NON MAIS ÇA VA PAS, SALE CABOT !
J'AI AGI SUR UN COUP DE TÊTE...
EH ! C'EST MONALISA QUE TU VEUX ?!
ALORS VIENS LA CHERCHER, ELLE EST À TOI !
MAUDIT IDÉFIX ! JE SAVAIS BIEN QUE TU VOULAIS MA PERTE !
BRAOUM !
MONALISA, SUIS-MOI !
LAISSE-LA S'APPROCHER, J'AI UN PLAN !
J'AIMERAIS BIEN T'Y VOIR...!
AHHHHHHHH
ENCORE UN PEU...
ON SAUTE !

PLOUF !
PSHHHHHH
CETTE FOIS, TU ES SAUVÉE POUR DE BON. LE PROBLÈME A FAIT PSCHITT...
TU ESPÈRES PEUT-ÊTRE UN REMERCIEMENT ? ALORS QUE, SI J'AI BIEN COMPRIS, TOUT ÇA C'EST DE VOTRE FAUTE ?
VOTRE ALTESSE, TOUT VA BIEN ?
C'EST MAINTENANT QUE TU ARRIVES, ESPÈCE DE BON À RIEN !
PRIVÉ DE GAMELLE !
?!?

AHRRG !
MA PRINCESSE ! REVIENS ! C'EST MOI !
PLUS TARD, AU REPAIRE ...
JAMAIS LES LUTÉCIENS NE VOUS REMERCIERONT ASSEZ POUR AVOIR SAUVÉ NOTRE BELLE CITÉ, PRÉSERVÉ L'HONNEUR GAULOIS...
ET RAMENÉ DES MIETTES DE PAIN !
EEEUUUUH...
JE PLAISANTE, LES AMIS ! BON, DEMAIN, VOUS Y PENSEREZ ! D'ACCORD ?
PROMIS, ASMATIX ! UN PAIN, C'EST TOUT !!! AH ! AH ! AH !
HOU ! HOU ! HOU !
FIN DE L'EPISODE

Retrouvez Idéfix chez votre libraire dans les aventures d'Astérix et Obélix !

Retrouvez Idéfix et ses amis dans la série animée 3D

IDÉFIX®
ET LES IRRÉDUCTIBLES

PAR TOUTOUTATIS,
LES ROMAINS VONT EN PERDRE LEUR LATIN !